AF339947

CRITIQUE DE L'OPINION DE NAPOLÉON.

CRITIQUE

DE

L'OPINION DE NAPOLÉON

TOUCHANT

LA DOCTRINE CHRÉTIENNE.

NANTES,

IMPRIMERIE D'ERNEST MERSON, RUE NOTRE-DAME, 3.

1847.

UN MOT AU LECTEUR.

Lecteur, qui que tu sois, savant ou ignorant, érudit ou illettré, riche ou pauvre, homme d'esprit ou homme simple, je te préviens qu'il y a dans cette petite brochure des choses qui touchent de très-près à tes plus chers intérêts. Tu trouveras dans cet opuscule, soit la critique de ta propre conduite, soit les consolations et les encouragements dont tu as besoin. Lis-moi donc avec attention, ne passe pas rapidement sur mes phrases, médite-les plutôt; car il est des choses qu'on ne saisit pas eu courant.

Si mes premières pages te semblent fati-
gantes, ennuyeuses, ne te rebute pas pour
cela, va-plus loin, sois assez courageux
pour poursuivre jusqu'au bout, et tu verras
que tu n'auras pas perdu ton temps.

CRITIQUE

DE

L'OPINION DE NAPOLÉON

TOUCHANT

LA DOCTRINE CHRÉTIENNE.

Il semble fatal que l'humanité s'obstine à marcher dans les ténèbres de l'erreur, tandis que le flambeau de la vérité lui offre sa sainte lumière. Grands et petits, tyrans et esclaves, princes et sujets, tous s'éloignent à l'envi de la voie du bonheur , parce que l'égoïsme les dirige, l'ambition les brûle , la vanité les aveugle !

Depuis la loi du Christ , loi si claire, si simple,si saisissante et en même temps si complète, si grande, si admirable, il ne s'est pas encore trouvé un seul potentat assez humble de cœur, ou plutôt assez sage, pour abdiquer son sceptre en faveur du règne de Dieu. Le règne de Dieu, qui, pourtant,doit s'établir sur la terre, comme il est à jamais établi dans les cieux ! Les rois dits très-chrétiens eux-mêmes se sont écartés incessamment des préceptes de l'Evangile , prétendant mettre leur pauvre raison à la place de celle du divin Maître, de l'Esprit-Saint !

Si les paroles que le général de Montholon donne comme étant celles de Napoléon, sont réellement sorties de la bouche du captif de Sainte-Hélène ; si le jugement exprimé par ces belles paroles sur la valeur de la doctrine chrétienne, appartient au grand capitaine dont la volonté avait subjugué les peuples et les rois de la terre, il est déplorable que l'Empereur n'ait vu qu'un côté de la sublime doctrine de Jésus-Christ, et que, pendant qu'il commandait au monde, il n'ait pas eu l'idée de promulguer les lois sacrées, au lieu de fabriquer un Code qui, rédigé par des pécheurs, ne pouvait manquer d'être aussi vicieux que le siècle présent.

Jamais souverain ne fut, autant que l'Empereur, capable de déployer la force, l'énergie, la puissance nécessaires pour paralyser les funestes influences des mauvais esprits ; jamais aucun, plus que lui, n'eut les occasions favorables pour hâter l'accomplissement des lois du Seigneur. Et cependant, cet homme, dont l'immense génie avait élevé si haut la fortune et la gloire, s'est orgueilleusement enivré des succès que Dieu lui accordait, et est enfin tombé sur les cadavres des armées dont il avait follement joué le sort !..

Mais je ne dois pas me laisser entraîner hors de mon sujet, je dois citer d'abord les paroles de l'Empereur ; puis en faire l'examen sévère et consciencieux :

« Le caractère de divinité du Christ une
» fois admis, dit Napoléon, la doctrine chré-
» tienne se présente avec la clarté et la pré-
» cision de l'algèbre ; il faut y admirer
» l'enchaînement et l'unité d'une science.

» Rejetez-le, le monde est une énigme ;
» acceptez-le, vous avez une admirable solu-
» tion de l'histoire de l'homme.

» L'Evangile possède une vertu secrète, je
» ne sais quoi d'efficace, une chaleur qui agit
» sur l'entendement et qui charme le cœur ;
» on éprouve à le méditer ce qu'on éprouve
» à contempler le ciel. L'Evangile n'est pas
» un livre, c'est un être vivant, avec une
» action, une puissance, qui envahit tout ce
» qui s'oppose à son extension.

» Nulle part on ne trouve cette série de
» belles idées, de belles maximes morales,
» qui défilent comme les bataillons de la
» milice céleste, et qui produisent dans notre

» âme le même sentiment que l'on éprouve
» à considérer l'étendue infinie du ciel, res-
» plendissant, par une belle nuit d'été , de
» tout l'éclat des astres. Non-seulement notre
» esprit est préoccupé, mais il est dominé par
» cette lecture, et jamais l'âme ne court ris-
» que de s'égarer avec ce livre.

» Une fois maître de notre esprit, l'Evan-
» gile captive notre cœur. Dieu même est
» notre ami, nôtre père, et vraiment notre
» Dieu.

» L'âme, séduite par la beauté de l'Evan-
» gile , ne s'appartient plus ; Dieu s'en em-
» pare tout-à-fait , il en dirige les pensées
» et toutes les facultés : elle est à lui.

» Quelle preuve de la divinité du Christ !
» avec un empire aussi absolu, il n'a qu'un
» seul but, l'amélioration spirituelle des indi-
» vidus, la pureté de conscience , l'union à
» ce qui est vrai, la sainteté de l'âme. »

Afin de mieux peser la valeur de cette
opinion si admirablement formulée, et d'être

aussi clair que possible aux yeux de tous, je vais la suivre de point en point :

1.º Napoléon dit : « Le caractère de *divi-* » *nité* du Christ une fois admis, la doctrine » chrétienne se présente avec la précision et la » clarté de l'algèbre ; il faut y admirer l'en- » chaînement et l'unité d'une science. »

Comment serait-il possible que les hommes doués du simple bon sens songeassent à nier le caractère de divinité de Notre-Seigneur, s'ils ont pris connaissance de sa doctrine ?... Il faut être d'une vanité bien insensée, d'une ignorance grossière, ou de la plus insigne mauvaise foi, pour n'accorder au Christ que la qualité de philosophe, de moraliste !... L'œuvre surhumaine du Messie est une preuve péremptoire de la divinité de son ca-ractère. Cette œuvre, cette doctrine, ainsi que le dit Napoléon, *se présente avec la précision et la clarté de l'algèbre* ; mais quel système philosophique peut lui être comparé ?... Où est-il le grand politique, capable d'enseigner, comme le Christ, l'art de gouverner les hommes sans entraver leur liberté ?.... Où est-il le moraliste vertueux, capable, comme le Christ, d'enseigner une voie si parfaite qu'il n'y ait plus qu'à la suivre pour être heureux?... Où est-il le philantrope assez désintéressé pour descendre, comme le Christ, au-dessous des plus petits mêmes, afin de montrer, par l'exemple, la fraternelle et sainte communion dans laquelle doivent vivre tous les membres de la grande famille humaine ?

Napoléon, en terminant son premier paragraphe, a donc bien sagement dit : « *Il faut y admirer* (dans la doctrine chrétienne) *l'enchaînement et l'unité d'une science.* »

2.º Napoléon dit : « Rejetez-le (le caractère » de divinité du Christ), le monde est une » énigme ; acceptez-le, vous avez une admi- » rable solution de l'histoire de l'homme. »

En effet, quiconque refuse d'admettre le caractère de divinité du Christ, ne peut rien comprendre au monde; l'énigme est pour lui impénétrable, c'est un labyrinthe sans issue, un gouffre sans fond, une nuit absolue! Mais en admettant ce caractère, *on a une admirable solution de l'histoire de l'homme*, car tout est complet dans l'Evangile.

3.º Napoléon dit : « L'Evangile possède une
» vertu secrète, je ne sais quoi d'efficace, une
» chaleur qui agit sur l'entendement et qui
» charme le cœur; on éprouve à le méditer
» ce qu'on éprouve à contempler le ciel. »

La cause de la vertu de l'Evangile, de son efficacité, de cette chaleur qui agit sur l'entendement et qui charme le cœur, c'est précisément le caractère de divinité que son auteur divin ne pouvait manquer de lui donner. Jamais la vertu humaine n'eût été capable de faire un tel livre. L'égoïsme qui règne dans le monde, l'esprit de domination, la vanité, la luxure, toutes les mauvaises passions qui agitent la société actuelle, et sous le joug desquelles se courbe lâchement la grande majorité des hommes, eussent empêché à tout jamais qu'un seul, d'entre les meilleurs même, osât prendre l'initiative d'une lutte si évidemment inégale, dont le résultat, facile à prévoir, devait être inévitablement le supplice du novateur assez hardi pour briser l'idole en face de ses prêtres menteurs, de ses adorateurs hypocrites, de ses serviteurs fanatiques. Et à supposer qu'il se fût trouvé un mortel assez éminemment vertueux pour tracer les lois évangéliques, il lui eût certes été impossible de prêcher par l'exemple, comme l'a toujours fait le Christ, par la seule raison que, n'ayant pu naître ni vivre dans les mêmes conditions que Notre-Seigneur, ses forces humaines, quelque grandes qu'elles eussent été, ne lui eussent pas permis de résister constamment aux influences de la famille charnelle, aux tentations du monde, aux satisfactions sensuelles.

C'est donc parce que l'Evangile est le livre

donné aux hommes par Dieu lui-même, *qu'on éprouve à le méditer, ce qu'on éprouve à contempler le ciel* ; c'est-à-dire une sorte d'extase, de ravissement, où l'esprit domine la matière, et jouit déjà de la béatitude céleste !

4.° Napoléon dit : « L'Evangile n'est pas un » livre, c'est un être vivant, avec une action, » une puissance, qui envahit tout ce qui » s'oppose à son extension. »

Voilà bien ce qui pose l'Evangile si fort au-dessus de tous les livres humains, c'est que, en effet, c'est plus qu'un livre. C'est une intelligence incessamment active qui crie aux hommes : Venez, entrez avec moi dans la voie du Seigneur, abandonnez les fanges de ce monde de misères, de fraudes', d'iniquités ; venez, pauvres pécheurs, trop longtemps aveuglés par l'esprit du mal ; secouez l'erreur originelle qui vous couvrait les yeux de son épais bandeau.; venez, suivez-moi ! je veux vous conduire sous le drapeau de la liberté, dans le champ du bonheur, dans la nouvelle terre promise, *dans le royaume des cieux* !

Et comment l'Evangile n'envahirait-il pas tout ce qui s'oppose à son extension, lui qui révèle à l'homme sa dignité, ses droits naturels ; lui qui brise le joug de la tyrannie, en criant anathème aux tyrans, aux despotes, aux esprits dominateurs ; lui qui stigmatise d'un signe d'ignominie, les marchands de prières, les gens dévotieux, les hypocrites de toutes sortes ; lui qui frappe de mort la luxure, la paresse, tous les vices honteux dont on est souillé dans le monde ; lui qui préconise l'égalité, la fraternité et l'amour entre tous les vrais enfants de Dieu !

5.° Napoléon dit : « Le Christ ne varie pas,
» il n'hésite jamais dans son enseignement,
» et la moindre affirmation de lui est mar-
» quée d'un cachet de simplicité et de pro-
» fondeur qui captive l'ignorant et le savant,
» pour peu qu'ils y prêtent leur attention. »

Tout cela est bien vrai. Le Christ est tellement pur, que dans sa doctrine toute entière il est impossible de découvrir l'ombre d'une contradiction, d'un doute même. Son enseignement est si clair, si positif, si saintement élevé, que l'homme le plus simple qui veut y songer, en comprend aisément la valeur, et que le savant qui y applique son esprit en est dans l'admiration.

6.° Napoléon dit : « Nulle part on ne trouve
» cette série de belles idées, de belles maxi-
» mes morales, qui défilent comme les ba-
» taillons de la milice céleste, et qui produi-
» sent dans notre âme le même sentiment
» que l'on éprouve à considérer l'étendue in-
» finie du ciel, resplendissant, par une belle
» nuit d'été, de tout l'éclat des astres. »

Il est impossible de mieux exprimer l'admiration que commande à l'homme sensé, la doctrine de J.-C. Napoléon, l'orgueilleux despote, qui avait foulé sous ses pieds les sceptres des tyrans et les lois des nations, et jusqu'aux foudres du Vatican, Napoléon, déchu de son empire, en proie aux tourments de l'exil, aux tortures d'un ciel âpre et brûlant, aux angoisses que lui suscite incessamment le misérable gouverneur de Long-Wood, Napoléon, loin du fracas du monde, juge et apprécie les beautés incomparables de l'œuvre divine, à laquelle il n'avait peut-être jamais songé une seule heure durant tout son règne !

7.º Napoléon dit : « Non-seulement notre » esprit est préoccupé, mais il est dominé par » cette lecture, et jamais l'âme ne court risque » de s'égarer avec ce livre. »

Oh ! oui, l'esprit est dominé par la lecture de l'Evangile ! Oui, il est impossible que l'âme s'égare avec ce livre ; car il est aussi supérieur aux écrits des hommes, que Dieu est supérieur aux êtres vivant sur la terre !

8.º Napoléon dit : « Une fois maître de notre

» esprit, l'Evangile captive notre cœur. Dieu
» même est notre ami, notre père, et vraiment
». notre Dieu. »

Sans doute, quand l'esprit est imbu des préceptes de l'Evangile, il n'est pas permis au
cœur de se soustraire à la domination des
saintes formules dont chaque mot inspire
l'amour pur et sacré, la foi robuste et iné-
branlable, l'espérance de toutes les joies, de
tous les biens désirables, la charité si douce,
si suave, si délicieuse à exercer.

9.º Napoléon dit : « L'âme séduite par la
» beauté de l'Evangile ne s'appartient plus;
» Dieu s'en empare tout-à-fait, il en dirige les
» pensées et toutes les facultés, elle est à
» lui. »

C'est que plus l'esprit s'applique à conce-
voir la doctrine chrétienne, plus il voit clai-
rement que la voie du bonheur y est indiquée
aux hommes; mais comme il comprend en

même temps combien est grande la perversité du monde, de ce monde hypocrite et menteur, dont Jésus-Christ a séparé complétement son royaume, il dépouille son haillon social, et s'élève, dans une foi sublime, jusqu'aux choses hyperterrestres, jusqu'aux pieds du trône de l'Eternel, dont il a ressenti déjà les célestes bienfaits.

10.º Enfin, Napoléon dit : « Quelle preuve » de la divinité du Christ! avec un empire » aussi absolu, il n'a qu'un seul but, l'amélio- » ration spirituelle des individus, la pureté de » conscience, l'union à ce qui est vrai, la » sainteté de l'âme. »

Après les profondes et sages réflexions qu'il a faites sur l'Evangile, Napoléon s'écrie avec la conviction raisonnée d'un philosophe tel que lui : Quelle preuve de la divinité du Christ!— En effet, cette preuve vaut mille preuves, elle est certaine, irréfragable.

Mais voici venir une appréciation bien in-

complète de la volonté du Christ : « Avec un
» empire aussi absolu , dit Napoléon en con-
» cluant, IL N'A QU'UN SEUL BUT, l'améliora-
» tion spirituelle des individus , la pureté de
» conscience, l'union à ce qui est vrai, la sain-
» teté de l'âme. »

Hélas ! mon Dieu ! comment l'Empereur ,
habitué à avoir des vues si larges, si grandes,
une portée d'esprit si pénétrante, si sûre, un
génie si investigateur, si hardi, comment ce
penseur, ordinairement si habile à saisir toutes
les faces des choses, n'a-t-il pas compris toute
l'étendue de la doctrine de Jésus-Christ !....
Napoléon , je l'ai dit en commençant , n'a vu
qu'un côté de l'Evangile, qu'un but divin :
L'AMÉLIORATION SPIRITUELLE DES INDIVIDUS ;
et il n'a pas senti que le but du Rédempteur
est double ; que le Christ veut, non-seulement
l'amélioration spirituelle des individus , mais
encore LEUR RÉGÉNÉRATION SOCIALE SUR LA
TERRE.

Cependant, la preuve que les lois évangéliques nous ont été données autant pour notre bonheur physique, matériel, que pour notre bonheur spirituel, n'est pas moins évidente que celle qui a porté l'Empereur à conclure que ces lois avaient eu pour but, l'amélioration spirituelle.

Il ne m'appartient pas, il n'appartient à aucun mortel de donner l'entorse à la doctrine de Jésus-Christ ; donc je ne dois ni ne veux ergoter sur le sens prétendu caché. Je trouve, comme Napoléon l'a dit, que rien n'est plus simple, plus clair, plus explicite que l'Evangile. Ce livre, le seul véritablement parfait, ne peut que souffrir des interprétations de ces gens mal-avisés qui veulent que l'esprit du livre de Dieu soit en contradiction avec la lettre ; comme si le Seigneur eût voulu parler aux hommes un langage qu'il leur fût impossible d'entendre, ou établir des offices d'interprètes assermentés pour donner la juste traduction de ses saintes paroles.

L'Evangile n'exige pas non plus, pour être compris, de volumineux et lourds commentaires.

L'Evangile est, certes, de tous les livres entassés dans les bibliothèques, celui dont les formules soient les plus positives, les plus complexes, et le mieux à la portée de toutes les intelligences.

Ainsi, quand j'avance que le Christ a eu pour but la régénération sociale de l'homme, tout comme son bonheur spirituel, il ne m'est pas utile, pour le prouver, de torturer le texte du livre saint, je n'ai qu'à le citer littéralement :

« Vous aimerez le Seigneur votre Dieu de
» tout votre cœur, de toute votre âme et de
» tout votre esprit. C'est là le premier et le
» plus grand commandement.

» Et voici le second qui est semblable à
» celui-là : Vous aimerez votre prochain
» comme vous-même.

» Toute la loi et les prophètes sont renfer-
» més dans ces deux commandements. » (S. Mathieu, ch. XXII, v. 37 à 40.)

Celui qui ne comprend pas la portée de ces

deux commandements, renfermant en subs-
tance toute la doctrine de Jésus-Christ, ne
veut certes pas se donner le soin d'y songer
un seul moment ; car rien ne saurait être plus
nettement et en même temps plus simplement
exprimé ; cependant, le monde qui, en général, sait que l'ordre du Seigneur est l'amour
de Dieu et l'amour du prochain, le monde mé-
prise la loi sacrée, et chacun ici-bas ne s'in-
quiète que de soi. Le riche, avide de trésors
illicites, loin d'aimer le pauvre, n'a pour lui
que dédain, mépris et répugnance ; le maître
estime ses valets bien moins que ses chevaux ;
le commerçant s'étudie à frelater, à falsifier
les marchandises ; l'industriel exploite les ou-
vriers et s'enrichit à leurs dépens ; en un mot,
comme l'a dit M. Dupin : *Chacun n'est que
pour soi, chez soi.* C'est cet égoïsme, source
de tous les vices, de toutes les mauvaises passions, de tous les crimes, que Jésus-Christ a
stigmatisé le plus.

Pour établir une distinction bien tranchée
entre ce sentiment infernal et le sentiment

divin qui est l'amour du prochain , Notre-Seigneur a appelé la société chrétienne : *Royaume des cieux, Règne de Dieu, Siècle à venir ;* et la société régie par les lois humaines : *Monde, Siècle présent, Royaume des ténèbres.*

Afin de faire sentir combien les lois de l'Evangile sont différentes de celles des hommes, Jésus-Christ a dit : *Mon royaume n'est pas de ce monde.*

Si, comme cela arrivera indubitablement dans un temps plus ou moins éloigné, l'amour de Dieu et du prochain entrait, dès à présent, dans le cœur de l'homme, la société toute entière jouirait du plus parfait bonheur sur la terre. Les mauvais esprits seuls iraient cacher leur honte et leur misère dans les régions inférieures et maudites. Mais qui peut prévoir l'époque de la grande régénération ?.... Aujourd'hui, chacun cherche le bonheur, chacun se trouve mal à l'aise de sa condition quelle qu'elle soit, et cependant personne ne veut entrer dans la voie du salut.

Celui qui possède des biens terrestres, en vertu des lois du monde, veut conserver, augmenter même ces biens illicites ; celui qui ne possède pas veut parvenir à posséder, n'importe par quels moyens, et les luttes immorales, criminelles, sont incessantes.

Oh ! que ne songe-t-on à cette sublime leçon donnée par le Christ au jeune homme qui lui demanda ce qu'il devait faire pour être parfait, et à qui il répondit : « Si vous voulez être parfait, allez, vendez ce que vous avez, et le donnez aux pauvres, et vous aurez un trésor dans le ciel ; puis, venez et me suivez. » ?... (S. Mathieu, ch. xix, v. 21.)

Et comme ce jeune homme fut fort attristé de cette réponse, Jésus-Christ dit à ses disciples : « Je vous dis en vérité qu'il est bien difficile qu'un riche entre dans le royaume des cieux. » (S. Mathieu, ch. xix, v. 23.)

Le Christ a un tel mépris pour les gens égoïstes, qu'il dit fermement à ceux qui l'ont suivi : « Quiconque d'entre vous ne renonce pas à tout ce qu'il a, ne peut être mon disciple. » (S. Luc, ch. xvi, v. 33.)

Le Christ, à qui tous les replis du cœur humain sont parfaitement connus, insiste sur le mépris que nous devons avoir des richesses de ce monde. Il sait que l'intérêt personnel est la source des divisions, des jalousies, des haines, de toutes les bassesses. Il veut la communauté des biens entre tous les membres de sa société, sans aucune distinction. Il abolit la domination et, par conséquent, l'esclavage. Il veut l'égalité franche entre tous ses amis, comme il les appelle avec tant de bonté :

« Vous êtes mes amis, dit-il à ses disciples, si vous faites ce que je vous commande. » (S. Jean, ch. xv, v. 14.)

Le Christ veut l'abolition de l'égoïsme, à tel point qu'il ne permet pas les influences de la famille charnelle contrariant les intérêts communs. Il veut que l'homme fasse abnégation même de ceux qui ont été les moules de son organisme ; il commande seulement d'honorer son père et sa mère, mais il ne permet pas

qu'on ait pour eux plus d'amour que pour qui
que ce soit :

« Celui qui aime son père ou sa mère plus
» que moi, n'est pas digne de moi ; et celui
» qui aime son fils ou sa fille plus que moi,
» n'est pas digne de moi. » (S. Mathieu, ch.
X, v. 37.)

« Lorsque Jésus parlait encore au peuple,
» sa mère et ses frères étant arrivés, et se te-
» nant en dehors, demandaient à lui parler,
» et quelqu'un lui dit : Voilà votre mère et
» vos frères qui sont au-dehors et qui vous
» demandent. »

« Mais il répondit à celui qui lui dit cela :
» Qui est ma mère et qui sont mes frères ?
» Et étendant sa main vers ses disciples, il
» dit : Voici ma mère et mes frères, car qui-
» conque fait la volonté de mon Père qui est
» dans les cieux, celui-là est mon frère, ma
» sœur et ma mère. » (S. Mathieu, ch. XII,
v. 46 à 50.)

C'est l'égoïsme de la famille charnelle qui entretient l'égoïsme individuel, et qui fausse l'éducation des enfants.

Si Napoléon régnant eût été imbu des préceptes de l'Evangile, quelle gloire plus solide que celle qu'il avait acquise par les armes ne se fût-il pas préparée !.... Si, à l'époque où marchant de conquêtes en conquêtes, il eût sapé, avec la vigueur dont il était capable, les fondements de cette vieille aristocratie féodale dont il ranima l'existence prête à s'éteindre, et que, fidèle au principe qu'il avait accepté dès son début dans la carrière militaire, il eût planté partout le drapeau de la liberté, au lieu de se poser en dominateur, que de bénédictions n'eût-il pas attirées sur sa tête !.... Lui, qui prétendait ne compter pour rien la noblesse transmise par voie d'hérédité; lui qui, comme le Christ, choisissait ses lieutenants parmi les soldats de la plus obscure origine ; lui qui avait eu l'immense talent de se faire aimer du peuple, révérer de l'armée et honorer des rois, que n'eût-il opéré de réformes heureuses !... Mais il ne put dépouiller le vieil homme, et il céda, sans s'en apercevoir peut-être, aux préjugés sociaux dont il s'était fait, apparemment, l'adversaire le plus redoutable.

La doctrine du Christ n'est pas moins complète au point de vue de son application à l'homme physique, que par rapport à l'amélioration spirituelle de l'individu.

Je viens de citer les articles qui condamnent l'égoïsme, voici ceux qui condamnent l'hypocrisie :

« Prenez garde de ne pas faire vos bonnes
» œuvres devant les hommes pour en être
» regardés: autrement vous n'en recevrez
» point la récompense de votre Père qui
» est dans les cieux.

» Lors donc que vous donnerez l'aumône,
» ne faites point sonner la trompette devant
» vous, comme font les hypocrites dans les
» synagogues et dans les rues, pour être honorés des hommes. Je vous dis en vérité,

» ils ont reçu leur récompense. » (Saint
Mathieu, ch. vi, v. 1 et 2.

« Lorsque vous priez, ne ressemblez point
» aux hypocrites qui affectent de prïer en se
» tenant debout dans les synagogues et aux
» coins des rues pour être vus des hommes.
» Je vous dis et vous-assure qu'ils ont reçu
» leur récompense.
» Mais vous, lorsque vous voudrez prier,
» entrez dans votre chambre, et, la-porte
» en étant fermée, priez votre père dans le
» secret; et votre père, qui voit ce qui se
» passe dans le secret, vous en rendra la ré-
» compense.
» N'affectez pas de prier beaucoup dans vos
» prières, comme font les païens qui s'ima-
» ginent que c'est par la multitude des pa-
» roles qu'ils seront exaucés. » (S. Mathieu,
ch. vi, v. 5, 5 et 7.)

Le Christ ne veut donc pas la prière des
lèvres, mais la prière qui part du fond du

cœur avec amour, sincérité, confiance. Aussi dit-il :

« Mais, pourquoi m'appelez-vous Seigneur,
» Seigneur, tandis que vous ne faites point
» ce que je dis ? (S. Luc, ch. vi, v. 46.)

» Ceux qui me disent : « Seigneur, Sei-
» gneur, n'entreront pas tous dans le royau-
» me des cieux ; mais celui-là seulement
» y entrera, qui fait la volonté de mon père
» qui est dans les cieux. » (S. Mathieu, ch.
vii, v. 21.)

Le Christ, plein d'indignation contre les hypocrites, les interprètes menteurs de la loi
divine, les flétrit, enfin , par cet anathème :

« Malheur à vous, scribes et pharisiens hy-
» pocrites, parce que, sous prétexte de vos
» longues prières, vous dévorez les maisons
» des veuves ; c'est pour cela que vous rece-
» vrez un jugement plus rigoureux.

» Malheur à vous, scribes et pharisiens
» hypocrites, parce que vous courez la mer et
» la terre pour faire un prosélyte ; et après
» qu'il l'est devenu, vous le rendez digne de
» l'enfer deux fois plus que vous. » (S. Mathieu, ch. XXIII, v. 14 et 15.)

Le Christ ne permet pas le trafic usuraire
des marchands, des agioteurs qui se livrent
à toutes fraudes imaginables pour s'enrichir
aux dépens du consommateur :

« Jésus étant entré dans le temple de Dieu,
» chassa tous ceux qui vendaient et qui ache-
» taient dans le temple ; il renversa les tables
» des changeurs et les siéges de ceux qui y
» vendaient des colombes.
» Et il leur dit : il est écrit, ma maison sera
» appelée la maison de la prière, et vous
» autres, vous en avez fait une caverne de
» voleurs. (S. Mathieu, ch. XXI, v. 12 et 13.)

Ce n'était certes pas sans un but social

que le Seigneur condamnait ainsi le commerce dont les opérations n'ont pour mobile que l'argent. Dans le monde , les monnaies sont des valeurs de convention, servant à faciliter les échanges entre gens étrangers et en quelque sorte ennemis. Dans le royaume de Dieu, ces valeurs facticement représentatives seront inutiles. Il n'y aura plus alors de bénéfices monstrueux à réaliser par les fripons au préjudice des gens simples et candides. La répartition de toutes les choses utiles aux besoins de la vie se fera également, sans aucune différence quelconque, entre tous les membres de la famille chrétienne , dont les rapports avec le monde des ténèbres cesseront complétement , parce qu'elle pourra se suffire à elle-même.

La terre est assez bonne nourrice pour alimenter ses habitants, et ceux qui prétendent que la société n'est pas assez riche pour éteindre le paupérisme, pour permettre à tous les hommes dignes du Créateur de vivre dans l'aisance, sont dans une erreur profonde , qu'il serait facile de démontrer.

Le Christ, condamnant l'égoïsme, l'hypocrisie, l'agiotage, enveloppe dans la même proscription la paresse. Il ne saurait consentir à admettre dans son royaume les hommes fainéants et lâches qui s'engraissent du sang de leurs semblables :

« Tout arbre qui ne produit pas de bon » fruit sera coupé et jeté au feu. » (S. Mathieu, ch. VII, v. 19.)

» Celui qui n'est point avec moi est contre » moi ; et celui qui n'amasse point avec moi, » dissipe. » (S. Mathieu, ch. XII, v. 30.)

» Qu'on jette ce serviteur inutile dans les » ténèbres extérieures. » (S. Mathieu, ch. XXV, v. 30.)

Les commandements du Christ, s'ils étaient observés, conduiraient indubitablement au bonheur réel ; mais ils sont tous violés dans la société actuelle. Le monde n'adore que le veau d'or ; chaque peuple a des formes reli-

gicuses plus ou moins opposées au christianisme, et l'on trouve encore dans tous les
pays, des maîtres et des esclaves, des bour-
reaux et des martyrs.

La femme, cette créature si douce, si dé-
vouée, si noble; la femme, cette sainte com-
pagne de l'homme, n'est pas encore affran-
chie du joug de la tyrannie du plus fort. Là,
elle est une chose, un meuble, un jouet, dont
dispose, au gré de ses désirs capricieux, celui
qui se regarde comme son propriétaire; là, elle
est chargée du poids des plus rudes travaux,
tandis que l'homme s'enivre de tous les plaisirs
des sens ; là, elle est méprisée comme un être
abject, né pour servir de pâture aux instincts
grossiers du maître ; partout sa liberté est
entravée, ses élans comprimés, ses sentiments
froissés, son destin perverti !

Si Napoléon régnant eût compris les lois
évangéliques et qu'il les eût observées, il
se serait bien gardé de répudier Joséphine,
sa première femme, d'invoquer la loi du
divorce, et surtout de devenir adultère selon

le Christ, en épousant, du vivant de Joséphine, Marie-Louise d'Autriche.

Le Christ ne permet pas le divorce.

Les pharisiens lui demandèrent pour le tenter : est-il permis à un homme de renvoyer sa femme ?

« Mais il leur répondit : que vous a ordonné Moïse ?

» Ils lui repartirent : Moïse a permis de renvoyer sa femme en lui donnant un écrit par lequel on déclare qu'on la répudie.

» Jésus leur dit : c'est à cause de la dureté de votre cœur qu'il vous a fait cette ordonnance.

» Mais dès le commencement du monde, Dieu ne forma qu'un homme et une femme.

» C'est pourquoi il est dit : l'homme quittera son père et sa mère, et il s'attachera à sa femme.

» Et ils ne seront plus tous deux qu'une seule chair. Ainsi ils ne sont plus deux, mais une seule chair.

» Que l'homme donc ne sépare pas ce que Dieu a joint.

» Etant dans la maison, ses disciples l'interrogèrent encore sur le même sujet.

» Et il leur dit: Quiconque renvoie sa femme, et en épouse une autre, commet un adultère à l'égard de celle qu'il a renvoyée ; et si une femme quitte son mari, et en épouse un autre, elle commet un adultère. » (S. Marc, ch. x, v. 10 à 12.)

Mais Napoléon voulait un fils, un héritier de son nom, de sa gloire, de ses royaumes et de ses vanités !... Dieu n'a accordé à ce fils tant souhaité, que les futiles honneurs d'un duché illusoire, une déchéance de royauté, et une mort prématurée.

En mettant à néant, par un commandement exprès, la permission que Moïse avait accordée au peuple le plus difficile à conduire, Jésus-Christ n'ignorait certes pas que tant que son divin Code resterait incompris, tant que le monde persisterait dans le faux, qui est l'égoïsme, ce commandement relatif au mariage resterait inexécuté, et même inexécutable, à quelques exceptions près.

Comment, en effet, serait-il possible que dans une société où tous les mariages ne sont autre chose que de vils marchés qui se traitent souvent à l'insu des contractants, et dont la base est l'*argent*, les titres nobiliaires, les places, les positions, en un mot, comment, dis-je, serait-il possible que les ménages restassent longtemps en harmonie ?... On s'épouse sans s'aimer, sans se connaître, on a d'abord de la déférence, des égards l'un pour l'autre ; mais l'amour n'arrivant point, les complaisances deviennent rares, l'indifférence suit de près, le dédain et le mépris ne se font pas attendre longtemps ; puis, chacun des époux cherche, en dehors de la communauté, des distractions funestes aux intérêts, au repos du ménage.

Et que l'on ne prétende pas que cela n'est qu'une supposition gratuite de ma part ; car, malheureusement, rien n'est plus vrai, plus facile à prouver par les faits qui se passent quotidiennement sous les yeux de tout le monde. Là, c'est une jeune et jolie comtesse sans fortune que des parents égoïstes jettent au cou d'un vieux crésus infirme, dont l'or et les diamants ont pu séduire d'abord la jeune fille ambitieuse et coquette ; mais, les talismans obtenus, le charme cesse vite, et il faut descendre alors du monde des illusions flatteuses dans celui des plus tristes réalités !

Quoi de plus contraire, en effet, au vœu de la nature, que ces monstrueux accouplements de roses fraîches d'un délicieux parfum, avec ces pavots flétris, ridés, à l'odeur âcre et nauséabonde ?...

Là, c'est un jeune duc et pair que le jeu, les chevaux, les filles de l'Opéra ont ruiné de fond en comble, tant sous le rapport de la bourse que sous celui de la santé, et qui, pour posséder une dot d'un million, épouse, presque clandestinement à la vérité, la fille d'un épicier de la rue des Lombards, jadis portier de l'hôtel du père de M. le duc lui-même. La

sotte roturière paie cher les futiles honneurs
d'un blason vermoulu ; car son mari, habitué
au changement, ne tarde pas à la dédaigner,
et il la délaisse bientôt pour une danseuse
vénale, dont les pirouettes, les ronds de jam-
bes et les poses lascives lui coûtent 30,000 fr.
par an, soustraits à la fortune de madame la
parvenue. Celle-ci, outrée de dépit, se venge
de l'époux infidèle , en prenant pour amant
son grotesque laquais.

On voit aujourd'hui si peu de ménages heureux, qu'il serait bien difficile de décider cette
question :

Dans l'état actuel de la société, le divorce
est-il plus ou moins immoral que l'indissolu-
bilité ?....

La société arrivera, sans doute, à apprécier
combien il importe à son bonheur de se rallier
au christianisme. Déjà, de toutes parts, d'ar-
dents prédicateurs répandent la lumière évan-
gélique ; des économistes philantropes pré-
conisent des théories attrayantes dont la mise
en pratique serait un point avancé de transi-

tion pour faire passer les civilisés actuels au royaume de Dieu sur la terre. Ces économistes, qui proposent comme but, comme terme, ce qui ne peut être qu'un moyen , un passage, sont sans doute les précurseurs de ceux qui doivent venir préparer définitivement les voies du Seigneur !

Le Christ, je l'ai dit déjà, n'a rien laissé d'incomplet dans sa sainte doctrine. Après avoir caractérisé et flétri les vices de l'homme, il lui donne le moyen certain d'être aussi heureux physiquement qu'il peut l'être spirituellement :

« Ne vous inquiétez donc point en disant :
» Que mangerons-nous, ou que boirons-nous,
» ou de quoi nous vêtirons-nous ?
» Comme font les païens qui recherchent
» toutes ces choses : car votre Père sait que
» vous en avez besoin.
» Cherchez donc premièrement le royaume
» de Dieu et sa justice, et toutes ces choses
» vous seront données par surcroît. » (S. Mathieu, ch. vi, v. 34, 32 et 33.)

Quiconque donc voudra chercher le royaume de Dieu et sa justice, vivra très-certainement dans l'abondance de toutes les choses utiles aux besoins de la vie.

Cette affirmation n'est point un paradoxe ; il serait aisé d'en démontrer la vérité par le fait, si seulement vingt personnes de bonne volonté avaient le courage de se réunir *en association chrétienne.*

Napoléon eût donc pu, pendant son empire, hâter le temps de l'association universelle, de l'unité chrétienne, de la communion des hommes ; mais, encore un coup, il n'avait vu qu'un côté de l'Evangile.

(Extrait du journal *l'Observateur.*)

Nantes, imprimerie d'E. Merson.